LA GLORIA DE LOS INMIGRANTES

LA GLORIA DE LOS INMIGRANTES

GLORIA G SUAZO

Copyright © 2018 por Gloria G Suazo.

Numero de la Libreria del Congreso:		2018912307
ISBN:	Tapa Dura	978-1-9845-5988-3
	Tapa Blanda	978-1-9845-5987-6
	Libro Electrónico	978-1-9845-5986-9

Todos los derechos reservados. Ninguna parte de este libro puede ser reproducida o transmitida de cualquier forma o por cualquier medio, electrónico o mecánico, incluyendo fotocopia, grabación, o por cualquier sistema de almacenamiento y recuperación, sin permiso escrito del propietario del copyright.

Las opiniones expresadas en esta obra son de exclusiva responsabilidad del autor y no reflejan necesariamente las opiniones del editor quien, por este medio, renuncia a cualquier responsabilidad sobre ellas.

Las personas que aparecen en las imágenes de archivo proporcionadas por Getty Images son modelos. Este tipo de imágenes se utilizan únicamente con fines ilustrativos.
Ciertas imágenes de archivo © Getty Images.

Información de la imprenta disponible en la última página.

Fecha de revisión: 11/28/2018

Para realizar pedidos de este libro, contacte con:
Xlibris
1-888-795-4274
www.Xlibris.com
Orders@Xlibris.com
780205

Este libro va dedicado al Abogado H.P. McGarry, que como su padre el Senador Estatal HENRY HARRISON McGARRY defendio a las tribus indias en Minnessota y quien acuño la frase "Tierra de 10,000 lagos que ahora se mencionan en oas placas de los vehiculos con Licensia en Minnesota asi su hijo defendio a Inmigrantes especialmente hispanos y a quien tuve el honor de trabajarle por 45 años como su asistente legal. Mr. McGarry llego a ser "Juez Ad Protem".

Foto tomada en los años70 cuando comence a trabajar con el Abogado Mr.H.P. McGarry y en esta misma oficina que estoy ahora.

Capitulo I

DIOS me hizo nacer en San Pedro Sula, Honduras situada en el corazon de Centro America y de haber sido creada en la Municipalidad de La Lima. Una Municipalidad situada en el Departamento de Cortes, Honduras.

(Foto tomada de las oficinas de la TRRCo y tomada por mi misma el 31 de Octubre de 2017 y en Tela, Atlantida).

La ciudad de Lima Vieja esta ubicada al lado Del Rio Chamelecon y La Lima Nueva al lado Oeste del mismo rio.

Este es el Puente que divide Lima Nueva de Lima Vieja.

La Lima Nueva es la cuna de Chiquita Banana y TRRCo. (subsidiaria de UNITED FRUIT COMPANY.) Nuestro modo de vivir venia de las plantaciones de bananos y todas las personas empleadas por la TRRCo. tenian que vivir en Lima Nueva. Lima Nueva fue construida especialmemnte para los empleados de TRRCo. quien mantenia a sus empleados para que se dedicaran completamente al producto. Por eso era que habian muchas oportunidades de empleo en La Lima. El ferrocarril fue hecho para poder transportar bananas hacia los Puertos y transportar pasajeros.

Uno de estos trenes usado para transportacion Todavia se exhibe contiguo al Puente de La Lima (Foto tomado por Gloria G Suazo)

- Mismo cuadro que esta pintado en mi vestido

En mi viaje reciente a La Lima el (6/20/2018) visite un museo en donde se exhiben los trenes y equipos usados para la transportacion del banano. (Trenes electricos) foto Gloria G Suazo

Estos trenes vinieron a reemplazar los trenes antiguos.

Como pueden ver en la foto cada equipo tenia su utilidad.

Este era el carro pagador.

Algunos de estos trenes todavia circulan como atractivo turistico.

Lima era tan americanizada que se convirtio en una ciudad quieta para vivir. No habia televisores en esos tiempos y el unico entretenimiento era el que daba la TRRCo. para sus empleados y familia. No habian mas lugares donde trabajar o entretenerse excepto los "matines" y los bailes en el Club Sula. Los Limeños agarraron fama que si eres buen bailador eres Limeño.

Devastaciones despues de las llenas en Lima. Los limeños han sufrido "llenas" por mucho tiempo a consecuencia de los rios y sistemas de irrigacion. Mucho desastre natural hacian que estos rios de desbordaran haciendo que los limeños se protegerian como pudieran para salvarse. Foto Gloria G Suazo

Hasta esta fecha La Lima sufre desbordes del Rio Chamelecon". Estos desbordamientos deja a muchos limeños sin hogar sufriendo las consecuencias del calor y la pobreza.

Foto de las condiciones en que viven la gente despues de los derrames del Rio Chamelecon. (Foto Gloria G. Suazo)

Capitulo II

TRRCo. convirtio en La Lima un pueblo americanizado y los hijos de los empleados teniamos todo lo que uno puede desear. Supermercados vendiendo productos solamente americanos y otros productos como juguetes. Estaba "La Quimica" que es el Departamento que estudia la enfermedad del banano.

Tambien teniamos fabrica de carton en donde los bananos eran transportadas ya sea por tren o barco. Habian clubs, Iglesias, escuelas, hospitales, etc. Hasta esta fecha La Lima tiene el campo mas grande de "golf" de Centro America y Todavia es usado para torneos entre Centroamericanos. La Lima en los años 50 era una villa industrial. La Chiquita Banana era transportada hacia diferentes lugares del mundo, especialmente hacia los Estados Unidos. En el siglo 19 y 20 fue hecho el ferrocarril por dos corporaciones americanas que eran la United Fruit Company (T.R.R.Co.) y la Standard Fruit Company que mucho despues se nacionalizaron. Tela se convirtio en un Puerto importante para la transportacion de banano especialmente, piña y otras frutas tropicales. Muchas frutas eran empacadas en La Lima. Tambien habian empleados del ferrocarril para transporter la fruta. A los empleados se les daba vivienda segun su ocupacion y salario. Estabamos dividos por zonas. (Ahora que soy adulta veo atras hacia mi niñez y veo que si tuvimos discriminacion en nuestro propio pais de parte de los norteamericanos sin saberlo. Estaba la zona Americana en donde Vivian los empleados con mejor sueldo y los extranjeros estacionados en Honduras y quienes trabajaban para la compañia. Ellos Vivian al estilo americano. Esta gente tenian su club americano con sus grandes piscinas, escuela Americana, campos de gulf y bellas casas de lujos y quienes los empleados de la compañia les daban mantenimiento. Tenian sus propios jardineros, sirvientas, choferes, niñeras, etc. todo pagado por la compañia. Las casas de los otros trabajadores eran dadas segun su rango y suelo dentro de la compañia. Ellos tenian diferentes estilos de casas (Tipo avion). Los solteros se les daba un apartamento sencillo, doctores y enfermeras tenian casas de primera y los otros trabajadores communes como choferes, jardineros, limpiadores, pintores les daban barracones en La Lima que se dividian por sectores.

Todavia voy a La Lima y me quedo en una de las casas tipo avion. La casa de la foto en la cual aparezco todavia existe y se mantiene intacta. AQUI VIVI EN MI NIÑEZ Y AQUI APAREZCO CON UN AMIGA DE LA INFANCIA "Norma".

(Fotos de las casas como estan en donde Vivian los trabajadores.) Fotos Gloria G. Suazo

Estos eran los apartamentos de hombres solteros. (Foto de Gloria Suazo)

Casas hechas por TRRCo. y en existencia en La Lima.

La famosa Escuela Esteban Guardiola. (foto de Gloria G. Suazo)

Estaba la Escuela Americana en la Zona Americana pero el resto de los empleados atendian la escuela Guardiola (Una de las mejores escuelas hasta este dia) No importaba en que barrio de la Lima Nueva vivias tenias que asistir a la Guardiola. Aunque no lo crean la compañia le daba a sus empleados el mantenimiento de las casas, utensilios de cocinas, sabanas, muebles, colchones ortopedicos, en fin todo lo que necesitabamos. Aunque la compañia nos tenia divididos todos los limeños hasta esta fecha somos bien unidos. Nos vemos como una sola familia y tuvimos la mejor niñez que un niño pueda tener.

Aunque la los empleados de alta categoria y buenos sueldos vivian en una zona superior (La Americana) creo que disfrutabamos mas vivir en nuestras zonas como El Caiman, los campos bananeros como Guaruma 1 y 2, Tibombo, Tacamiche, Corozal, Casanova, Campo Dos, Campo Limones, Casanova entre otros. Por ejemplo nosotros los blancos teniamos que ir al Club Sula. Aqui habia una piscina y un zoologico en la misma piscina. Habian leopardos, monos exoticos, culebras, cisnes, 2 leones africanos que cuando rugian se estremecia La Lima, torneos de boliche, bailes para los adultos en ocasiones especiales pero estos bailes eran de gala.

Los hombres llegaban de tuxedo y las damas con sus vestidos largos, sus guantes y bien peinadas y mi sueño era un dia ir a bailar al Club Sula vestida de gala, pero mi mala suerte que cuando ya estuve en la edad de ir a los bailes ya era el tiempo de los "hippies". (JaJa) Ya despues estos bailes no los hacian. La comida que vendian en la barra era la mejor y estilo americano. Me recuerdo las hamburguesas, sus vacas de root beer con coca cola y otras golosinas que hasta esta fecha no he probado comida igual. Celebrabamos el 4 de Julio, nuestra Independencia, Navidades, Año Nuevo y otras fiestas hondureñas.

(Foto de mi padre cuando trabajo en el Hotel).

Estaba el hotel de La Lima en donde solo extranjeros que venian a trabajar a la TRRCo. como los americanos se hospedaban.

Mi padre nacio en el Salvador y era un Immigrante en Honduras. Mas tarde se naturalizo hondureño pero eso no importo para la Guerra entre Honduras y El Salvador en el 1969 y querian deportarlo al Salvador. El lo despedieron de la TRRCO. solo por ser salvadoreño.

Mi padre trabajo por mucho tiempo en el Hotel de La Lima. Me llevaba ice cream a la casa (hasta esta fecha no he probado un ice cream tan bueno como este). El olor de la comida que emanaba de la cocina del hotel cuando entraba uno era como entrar a un touche americano.

Capitulo III

TRRCO. tenia su propio hospital para los empleados. Tenia tecnologia avanzada y doctores especializados. Mi madre BERTHA HERNANDEZ fue una de las primeras enfermeras graduadas que trabajo en este hospital alla por los 40. El edificio ha sido restaurado a como era y todavia le sirve a la comunidad Limeña.

(Foto del hospital de la Lima-ayer y hoy.)

Mi madre una de las primeras enfermeras del hospital de La Lima.

TRRCo. trataba a sus empleados de una manera excelente al extremo que nos daban leche gratis y la entregaban en cada casa. Pan con mantequilla para controlar nuestra salud. Las mantequilla era lombricera para las lombrices. (pero eso por supuesto no lo supimos hasta despues). Habian otros campos bananeros y los niños eran recogidos en un chapulin para ir a la escuela. Los utiles eran dados gratuitamente. Habian trenes de carga y de pasajeros para que recogieran los niños de la escuela y los de carga para recoger los bananos y llevarlos de Puerto en Puerto.

Plantaciones bananeras en Honduras.

FOTO Gloria G Suazo

Photo Gloria G Suazo. Campos bananeros activos en Honduras.

El racimo de banano es cubierto con bolsas plasticas protegiendo la fruta de pesticidas, arañas peludas, insectos etc.

Hay una fabrica de plastico para las bolsas y esto genera trabajo para los Limeños.

Visite unas plantaciones de bananos y todavia empacan los bananos de la misma manera. Usan mujeres porque sus manos son mas suaves para manejar el banano y no se dañen para su exportacion.

Foto Gloria G Suazo 6/20/2018

Lavando el banano antes del empaque.

Parece mentira como una fruta puede generar tanto trabajo y como los Limeños estan dedicados al cuidado del banano

Foto Gloria G Suazo 6/20/2018

El proceso del banana es la oportunidad de trabajo para las Limeñas. Aunque la TRRCo. ya no esta completamente en Honduras Todavia se transporta banana para la Chiquita Banana. Lima Todavia tiene empacadoras.

Foto Gloria G Suazo

Foto Gloria G Suazo

Todavia hay plantas trabajando con el banano en La Lima.

La manera que se maneja el banano antes de exportarlos. La Lima Todavia tiene estas empacadoras

Todavia existen partes de las ruedas de los trenes que transportaban el banano.

Habia un tren que llegaba de Tela y traia mercaderia a los comisariatos y ponian guardias con una escopeta y este venia en un caballo para vigilar el tren y aquellos campesinos que no hablaban Ingles oian que decian "Here comes the machine guy" y ellos creyendo que se referian al tren decia "Ahi viene el machangay". Hasta esta fecha ese tren se recuerda con el nombre del "machangay".

Recientemente hice un viaje a Honduras en Junio, y pude apreciar un mural cuando los empleados tomaban el Machangay.

Foto tomada por Gloria G Suazo de un mural y en ella se aprecian los motocarros.

Por la foto ustedes. Pueden ver la magnitud de los empleados de la TRRCo. que viajan de una plantacion a otra. Traian mercaderia a los americanos.

Recientemente hice un viaje a las Playas de Tela y para mi sorpresa Todavia estaba un carro pasajero de los que mi papa usaba para transportarse de una ciudad a otra. No me resisti subirme y comenze a recordar mi niñez.

(Foto de Oscar Salazar mi sobrino).

Me remonte en memorias de lo que era Tela en aquellos dias especialmente en mi niñez.

Capitulo IV

Esta es una de las razones por el cual los Limeños nos conocemos todos y nos vemos como una gran familia. Hay demasiados recuerdos alegres y buenas memorias de nuestra niñez. Debido a la tecnologia mantenemos nuestras buenas relaciones especialmente cuando nos conociamos por apodos solamente. Cuando algunos nos reunimos es muy chistoso. Hay uno que es escritor y caricaturista y aun recuerda algunos apodos de nuestro pueblo y el otro dia poor "facebook" puso mucho de los apodos y todos los limeños que se ubican en todo el mundo comenzarion a nombrar los apodos como "Los Chajas" Los Lucas, los Steers, Los Carillones, Cara de Hacha, (mi primo) Julio Laiko, Mango Jadin, Perra Flaca, Agua de Soda, Los Nichoas, Pellin, Pedro Cacho, Tongolele, Corto Circuito, Juana la Loca, Cantinflas, El Rey del Mundo, Nena la Loca, y muchos otros. Algunos no se mencionan por ser inapropiados pero se que muchos Limeños reuerdan los otros apodos.

Me recuerdo nuestras Navidades. El Club Sula nos hacika una Kermesse (o SEA FIESTA PARA NIñOS). Desde las 2pm hasta las 9:00 pm. Mr. Turnbull quien era el Gerente de la TrrCo. nos daba cohetes, dulces, sombreros, mascaras, toda clase de regalos, pero solo para los hijos de los empleados de la TRRCo. Cuando terminaba la Kermesse comenzaba el baile para los adultos en donde tocaba la Regis canciones de Ray Conniff, Glenn Miller, Billy Vaughn y otras orquestas en estilo. Todos los empleados y sus esposas podian acompañarlos.

Todos recuerdan el Año Nuevo" cuando el baile terminaba a las 11:30 pm para que todos fueran a sus casas a recibir el año Nuevo con sus familias. A las 12pm las maquinas sonaban sus bocinas, las dos chimineas gigantes que quemaban el carbon para las maquinas tambien sonaban, las Iglesias resonaban sus campanas. Todos nos reuniamos en las calles para darnos el abrazo de Año Nuevo y despues regresabamos al baile el cual era gratis a seguir hasta el amanecer. A las doce se paraba el baile en los 31 de Diciembre para que todos regresaran a sus casas y darle el abrazo a las doce a su familia. Sonaban las campanas de la Iglesia, las locomotoras, las chimeneas y era una alegria tremenda. Despues todo mundo se regresaba al baile.

Capitulo V

Tuve que abandonar La Guardiola para atender una escuela bilingue (Español e Ingles) en San Pedro Sula en donde aprendi mi Ingles. Esta era una escuela privada en San Pedro Sula y orgullosamente puedo decir que fui una de las primeras graduadas del octavo grado que salio de esa escuela. Algunos de los graduados en ese año fue Sergio Bendaña, Blanca Canahuati, Chichi Sunseri, Gregory Werner, Angel Marinakys entre otros. Viajaba a diario de Lima a San Pedro Sula y vice versa con otros Limeños, como Dulce Maria Sikaffy, Jose Hammer, Manuel y Olga Folgar). Hasta esta fecha una de mis maestras Mrs. Werner esta todavia y tuve el honor de irla a visitar en mi reciente visita de Junio del 2017 en San Pedro Sula.
   (foto Gloria G Suazo)

Despues de que gradue del 8o. grado en la escuela Internacional (Nuestro octavo grado fue el primero que salio de esa escuela) no habia High Schools en Ingles en Honduras para continuar mi educacion secundaria asi que me enviaron a Belize.

- La razon por la cual narro mi niñez es porque yo aprendi mi Ingles en Honduras y debido a que estudie la historia Americana, siempre tuve un respeto especial por la gente Americana, sus tradiciones, su lengauge y sus creencias. Su actitud benevola hacia niños, animales, personas de la tercera edad, discapacitados e Immigrantes. Los americanos se ganaron mi respeto de la maera en que trataban a sus trabajadores cuando yo era niña.
- Despues el estudiar en Belize fue una bendicion para mi hasta esta fecha. Creo que mi educacion superior vino de la cultura y tradiciones Britanicas de ese pais.

Capitulo VI

Foto de la St. Catherine Academy
　　Aqui Debido a esta circumstancias fui enviada a Belize (Honduras Britanica en aquel entonces) para poder continuar con mis estudios secundarios en en St. Catherine's Academy. Solo era para mujeres.

Belice era la capital y ahora se llama "Belmopan". En ese tiempo la Ley era- "diente por diente. Ojo por ojo). Para mi sorpresa tuve la oportunidad de ver "el Puente movible", (el unico Puente movible del mundo). Tenia yo 15 años y para mi era algo espectacular.

Teniamos un Puente en La Lima pero no trabajaba como este. Siendo yo una adolescente me encantaba como los hombres movian manualmente el Puente. Todo mi ambiente cambio. Diferente comida, costumbres, musica, etc. Mi comida favorita y Todavia lo son, son las Panadas y cola de cerdo. Cada noche mi novio y yo nos ibamos a las esquinas donde donde las vendian ya que eran mis favoritas. (Panades en una tortilla hecha a mano y doblada y frita rellena de salmon o frijoles y lleva un curtido de cebolla y vinagre y jalapeños. Similares a los pastelitos hondureños, Esta la colita de cerdo, garnaches, dukunu, arroz con frijoles (casamiento) hecho con leche de coco y lo mejor para Navidad el pastel negro de fruta. Algunos beliceños lo añejan con ron. Yo era una huesped y la Sra. Con quien vivi me hacia mi "black fruit cake (queque negro de fruta) y el de ella era el mejor. Durante ese tiempo (en los 60) los "Beatles estaban de moda y su musica se escuchaba por todos lados. Todavia honoraban a la Reina de Inglaterra y los mayores tenian la foto de la Reina en cada casa.

Capitulo VII

Despues de haberme graduado regrese a Honduras y por mi idioma Ingles y estudios britanicos muchas compañias me emplearon tal como la Tropical Radio, Standard Fruit Company, Polymer, Coca Cola Trading Company y otras compañias. En esos dias la Refineria mas grande en Centro America se iba a construir en Puerto Cortes (El Puerto mas comercial e importante de Honduras) y fue alli donde me llamaron muchas compañias americanas a trabajar como La Lummun Company, Brown and Root, Raymond, Tams and Tibbet, compañias que arribaron a Honduras para construir el muelle y la cual esta ubicada hasta esta fecha en Puerto Cortes.

Orgullosamente puedo decir que fue una de las primeras secretarias de la Refineria Texaco junto con mi prima Amanda Elvir Osejo.

Desafortunadamente estas compañias tenian contratos temporales y despues de que la refineria y el muelle se construyo regresaron a EEUU. No habian trabajos y meses despues comenzo la Guerra entre El Salvador y Honduras en el 1969 y mi padre siendo salvadoreño lo despidieron de la TRRCo. dejandonos sin casa y sin nada. Como no habia nada que hacer en La Lima decide salir de Honduras y mi familia se fue a vivir en El Salvador.

Foto Gloria G Suazo

Capitulo VIII

Fue cuando decide regresar a Belize y al llegar algunas de mis compañeras venian hacia EEUU y me trajeron.

Al llegar a EEUU, mis amigas y yo no teniamos donde vivir y trabajabamos en trabajos domesticos. Como todas hablabamos Ingles, muchas familias nos contrataban. La familia que me contrato a mi eran Socio de los Estudios Universales y ellos querian que legalizara mi estatus para poder viajar con ellos. Fue cuando vi un anuncio en Television y que un Abogado H.Patrick McGarry anunciaba consultas de Inmigracion. Fue cuando lo visite para ver como me protegian las Leyes de Inmigracion.

Quien me iba a decir que toda mi carrera cambiaria. Llegue a estas oficinas y para mi sorpresa la fila era larga. Decide hablar con Mr. McGarry directamente. Cuando entre a las oficinas, vi una persona desmayada y doblada sobre un escritorio, ella claro era la Secretaria de Mr. McGarry y estaba este americano altisimo preocupado sin saber que hacer porque no hablaba Español y todos los que habian venido por el anuncio eran latinos. Procedi a ayudarle y comence a contestar el telefono y tomar informacion de cada persona para luego llamarle.

Lo que pasaba era que a la Secretaria la habia dejado su novio quien solo la habia usado para la residencia y se emborracho.

En ese tiempo la Ley era que si tenias un hijo nacido aqui no importaba la edad los padres podrian tramitar su residencia por medio de ellos.

Mientras le trabajaba a Mr. McGarry continuaba estudiando las Leyes de Inmigracion y como las Leyes iban cambiando lo hacia para proporcionar un mejor servicio. Me hice Notario en 1985 y Todavia lo soy. Notarizo para muchas organizaciones no lucrativas y para la comunidad. Ahora este nombre "Notario" a veces causa verguenza ya que ahora somos vistos como engañadores. Todavia lo soy porque se necesita para hacer los tramites de Inmigracion. Algunos de estos clientes son ya ciudadanos y todavia le estoy tramitando a sus nietos.

Capitulo IX

El tratar con immigrantes de todo el mundo, me ha enseñado a conocer varias culturas, tradiciones, lenguajes y he formado Buena reputacion de boca en boca durante estos años y me he tenido que arreglarle a muchos.

He expirementado cambios en las Leyes de Immigracion. Algunas no benefician a los Immigrantes y otras leyes si.

En los 43 años que le trabaje a Mr. McGarry aprendi a lidiar con los immigrantes de todo el mundo he llegado a la conclusion de que nuestra gente se viene huyendo de la extrema pobreza y las Matanzas voluntarias de criminalles, desastres naturales que han dejado los paises devastados como el Huracan Mitch y asuntos politicos, quemazones, hacen que nuestra gente émigré.

Los ciudadanos estadounidenses no tienen ni idea de lo tan bien que viven. DIOS BENDIGA A AMERICA. Quizas por eso nunca han experimentado hambre y pobreza las cuales son crueles y aun asi tratan mal a los Immigrantes. Esta pais se hizo grande por la diversidad que dan los Immigrantes.

Hasta esta fecha las Leyes de Inmigracion han cambiado mucho causando crueldades severa para muchos. Cuando llegamos a esta pais buscando nuevas epectativas y huenos horizontes las leyes no eran tan dificiles. Yo fui creada cantando el himno de los Estados Unidos, saludando la Bandera Americna, aunque yo nunca habia visitado EEUU. Nuestros libros de historia eran sobre la historia Americana y leyendo como esta nacion fue desarrolada por Inmigrantes. Mis cubertodes de los libros eran de la estatua de la libertad y aunque nacida en Honduras fue creada queriendo y respetando este pais.

Parece increible que estamos en el siglo XXI y que los Immigrantes que residen aqui, vivan en temor de ser perseguidos al dejar su pais. (Algunos los encadenan como en el tiempo de los esclavos). Esto fue en 1821 y ahora se repite en el 2018.? En mis libros de historia decia que les daban proteccion y refugio a todos los imigrantes no importaba color, religion, pais, o sexo. Conozco muchoa grupos ethnicos como Arminios, Italianos, Rusos, Asiaticos, Africanos mejor dicho toda clase de Inmigrantes. Mexicanos, Centro y Sur Americanos entran de cualquier manera al pais. La unica diferencia de estos Imigrantes y los de antes es que antes los barcos donde se venian eran bienvenidos y podrian trabajar libremente y asi demostraban sus habilidades y empresarios como Levys & Straus que hasta la fecha existe esta compañia cion sus "jeans". Pero ahora son descriminados.

Por esta razon fue que diferentes cistumbres, ideas y sabiduria llego a este pais haciendo uno de los paises mas importantes del mundo. Estados Unidos heredo variadad de lenguages, cultura, moneda, etc. Era un torre de Babel). Este pais ha albergado a Immigrantes por decadas. La unica diferencia que ahora los Imigrantes no llegan en barcos ni tampoco son bienvenidos. Al contrario son tratados como inhumanos causandoles extrema crueldad. Como esos que viajan en la Bestia.

Estas personas viajan con grandes expectativas pero sin saber hacia donde vienen y quienes a veces encuentran una pesadilla. Algunos encuentran la muerte otros una pesadilla pues algunos son mutilados.

Algunos de esta gente nuca llegan a su destino porque las autoridades mexicanas los regresan a sus paises originales, otros los matan en el camino, otros se quedan en Mexcio viviendo ilegalmente por no haber podido cruzar la frontera o no poder pagar el coyote que los iba a cruzar. Otros secuestrados por los carteles y otros simplemente desaparecen. El tren la "Bestia" donde muchos dejan sus vidas.

Algunos paises tienen problemas serios en la politica y otros experimentan pobreza, desastres naturales, crimen voluntario los cuales estan a la orden del dia y aunque pidan asilo politico, sus llantos de ayuda caen en oidos sordos y en ves de ayudarlos son enviados a que los maten. Una vez que llegan a EEUU tambien viven una vida de miedo. Miedo de abrir las puertas de su casas, miedo de personas uniformadas que talvez solo son guardias de seguridad de una tienda., un carro de policia los atemoriza. Siempre alerta y con panico. Que manera de vivir. Padres que son los pilares de la familia y no estan en la disposicion de defenderla. El Gobierrno juega con su hombria. Estos niños que son devueltos sin importarles que son niños de edad pequeña quienes estaran expuestos a carteles, pandilleros, madres sin sus esposos, viudas que se vinieron buscando ayuda y ellos que vendieron todo para poder venirse y en vez de el sueño americano es una pesadilla. Muchos han sido mutilados.

Nadie creeria que estas cosas estan sucediendo en pleno siglo 21 y especialmente en "America la bella". Cuando los agarran cruzando son tratados horriblemente al extremeo que si los agarran los devuelven sin tomar en consideracion todo el tiempo que se les tomo en llegar y caminar por el desierto, para poder llegar. Vienen hambrientos, exponiendo sus vidas en los trenes, algunos se mutilan sus cuerpos, cruzando paises desconocidos, (especialmente los centroamericsanos) que tienen que cumplir con las leyes de Guatemala y Mexico quienes segun sus leyes de Inmigracion solo les permiten 72 horas para estar en su pais, sin contar a sus madres que vienen amamantando quienes escapan de sus crueles maridos o de pandilleros.

Esta es una humillacion para cualquier raza humana pero esta es la bienvenida que se les da cuando llegan y parece increible que un pais tan poderoso esta actuando de esta manera. En vez de ser un ejemplo para otros paises ya que EEUU es un simbolo de poder y dinero. Todo el mundo lo admira y ahora esta actuando de esta manera. En vez de servir de ejemplo para otros paises y un pais que ha sido benevolo, ahora es el mas cruel. Solo con el hecho que regresan a las personas usando la misma ropa que traen la cual a veces estan lodosos y sangrientas, mal olientes y adoloridos. Algunos los dejan entrar pero tienen que usar braceletes el cual es embarazoso y estos en nuestros paises se les pone solo a los criminales peligrosos y en otros paises esto ya no existe. Hace muchos años algunos se murieron encerrados en un trailer y el chofer nunca se paro a darles agua o ventilacion ni siquiera a los niños. Un cambio a las Leyes de Inmigracion harian que esta gente entre legal y no necesitariamos un cerco. Este gasto se utilizaria en cualquier necesidad que el pais tuviera. Hacer fabricas para crear trabajos para esta gente que viene dispuesta a aprender y a trabajar. Aunque no lo crea entre esta gente vienen trabajadores especializados, gente con estudio y otros dispuestos a aprender y a trabajar. Deberia de tener un programa de refugiados ya que los trabajos sucios lo hacen los immigrantes.

Aunque ellos quieren legalizarse no hay manera de hacerlo de una manera legal, forzandolos a entrar ilegalmente ya que el tramite para legalizarse se toma para siempre. A veces toma tantos años que la gente se cansa de esperar y se viene ilegal ya que no hay manera de que se vengan legales. Algunos son regresados a sus paises a vivir en condiciones infra humanas ya sea en extrema pobreza y enviados de regreso a paises criminales. Algunos por estar esperando su fecha de prioridad dejan de estudiar o no fincan un futuro en sus paises con la idea de que se van a venir a vivir a EEUU eventualmente. Pero algunas prioridades como la de hermano a hermano toman de 15 a 20 años de espera como la de los Mexicanos y Filipinos. A veces quieren arreglar para darles un mejor futuro a sus hijos pero cuando les llega su turno ya sus hijos han cumplido la mayoria de edad y ya no pueden arreglar. El Aprobar o negar un caso queda a discrecion de un Consul.

Capitulo X

Muchas personas se quieren venir a la "Tierra de Libertad" porque asi se ha llamado ya sea por las condiciones del pais y las largas listas de espera ellos sacrifican hasta su vida. EEUU siempre ha puesto a Dios por delante en todos sus actos hasta lo mencionan en la moneda.

Otros paises tienen matanzas voluntarias, actividades criminales; aparte de la extrema pobreza y por eso en mi opinion una vez Aprobada la peticion deberian de llamarlas inmediatamente y no esperar esos años tan largos. Solo para que se den una idea de la lista de espera he puesto copia del boletin de visa del Departamento de Estado.

>Esposos e hijos solteros de ciudadanos americanos (Por lo menos un año para procesar).

>HIJOS E HIJAS SOLTERAS DE RESIDENTES (MAYORES DE 21 ESTAN LLAMANDO 7/8/2010 MEXICO 11/08/1995 INDIA: 04/08/2006

>Hijos casados de ciudadanos americanos: (23,400) mas numeros de la primera y segunda categoria.

>HERMANOS Y HERMANAS DE CIUDADANOS AMERICANOS (23,400) MAS NUMEROS NO REQUERIDO POR LA TERCERA PREFERENCIA) CASI 14 AñOS:

(Esta categorias cambian cada mes).

Estos atrazos obligan a la gente a quebrantar las Leyes ya que su necesidadad de sobrevivir y falta de empleos los hace emigrar.

He visto mecanicos industriales, paramedicos, doctores, (toda clase de profesionales) trapeando, en las lavanderias de los hospitales, de jardineros y otros servicios para poder sobrevivir en este pais y como sin estar sin documentos se ven obligados a trabajar en estas posiciones y mal pagados.

Los profesionales pueden legalizar su status pero necesitan un fiador pero algunos no conocen a nadie y estos permanecen indocumentados y trabajando en trabajos mal pagados y lo tienen que hacer para mantener la familia.

Foto Gloria G. Suazo

Hablando de los trabajadores del campo que se tienen que levanter a las 5:00 a.m cada mañana a sembrar y poner verduras en nuestras mesas. Ellos no tienen proteccion alguna de salud o que los proteja de las Leyes de Inmigracion. Ellos son los que sufren mas ya que ustedes no sabe el dolor que sienten en sus espaldas al estar arrodillado o doblado bajo ese sol caliente por 8 horas o mas. Al final de dia esta gente no se puede enderezar y tienen que hacerlo para comenzar el siguiente nuevo dia. Y Todavia llegan a sus casas a atender su familia. Estas personas hacen trabajos que nadie quiere hacer y son a los que tratan mal. Si los ciudadanos americanos hicieron estos trabajos nuestras legumbres costarian mas ya que ellos piden aseguranza medica, Buenos salarios y otros beneficios que el consumidor tendria que pagar. No me van a decir que miran a un ciudadano americano entre esta gente. Las fotos indican las condiciones en que trabajan.

Si debo de decir que hay algunos ciudadanos americanos trabajadores pero quienes han traido sus tradiciones a este pais son los immigrantes haciendo de EEUU un lugar mas placentero para vivir.

Yo he sido bendecida en este pais pero cuando vine las Leyes eran diferentes y los immigrantes eran tratados como humanos. Esta es la tierra de la libertad y de las oportunidades.

No habria necesidad de un puente ni tanta gente encarcelada solo por el hecho de ser indocumentado y niños haciendo un viaje de pesadilla que les causa su muerte.

Ahora estos menores son separados de sus padres sufriendo y esperando un futuro desconocido.

Todavia no puedo creer que en pleno siglo XXI veo Immigrantes encadenados siendo llevados a las carceles o a su avion para que se regresen. Lloro cuando veo mi gente y me recuerdo del Estados Unidos de antes cuando a los esclavos se les tratataba igual.

La falta de dinero, el languaje y amigos hacen mas dificil su trayectoria y el abrirse caminos para forjar su sueño americano.

Capitulo XI

Creo que esto me motivo a abrir negocios como fuente de trabajo para mis paisanos. Y que tuvieran una oportunidad de trabajo mientras vivian en EEUU.

foto Gloria G Suazo

Despues forme la HONDURAS BAND compuesta con puro musico hondureño, percusionista, cantantes. Entre ellos esta su director, saxofonista y arreglista, Sergio Cardenas, Rene Martinez (requintista), Javier Funez (cantante), Jorge Torres (percusionista), Walter Zalvatier(cantante), Rene Santos Perez (percusionista), (Lizandro y Manuel (cantantes) saxofonista tambien, Lapiz (percusionista) Luis Tabora (corista), Cristobal Sanchez, arreglista y primera trompeta, Edgardo Portillo vocalista. Carlos Zalvatier el Famoso Sambunango que es el que tocaba el caracol con su estilo unico los otros integrantes eran estudiantes del UCLA. Habia un escoces que fue soldado de la reina y se integro a mi banda. Se tocaba el ritmo "punta" un baile africano que es bailada por los garifunas en las playas de Honduras. (Dejeme decirle que la Honduras Band hacia una excelente labor ya que solo tocaba musica hondureña y etnica.

Foto de Gloria G Suazo

Foto Gloria G. Suazo

Foto Gloria G. Suazo

Entre otros negocios tuve un restaurante llamado "El Catracho" (nombre que nos dicen a los hondureños.) foto por Gloria G. Suazo)

Fotos Gloria G Suazo

En 1995 Abri el primer restaurante hondureño. Habian muchos restaurantes que vendian comida hondureña pero ninguno tenia nombre "Hondureño" como el mio. Ahora estoy orgullosa de que hay mucho restaurantes hondureños en Los Angeles. Hay uno que lleva el mismo nombre que el mio. Yo vendia comida hondureña como sopa de caracol y algunas comidas catrachas. Fue aqui que forme el "Honduras Combo" el cual tocaba todos los Domingos en mi restaurante.

Esta banda estaba compuesta de hondureños, guatemalteco (Livingston), belizeño, colombiano.)
Varios de estos musicos son nacidos en La Lima.

Foto Gloria G Suazo GRUPO REMEMBRANZAS 100% Limeños

Tambien les inculco nuestras tradiciones a mis sobrinas y nietos aunque sean nacidos en EEUU.

Mis nietos siguiendos mis tradiciones hondureñas. (Foto Gloria G Suazo)

Mi primer grupo de 5 ESTRELLAS que forme representando el baile "punta" en los desfiles y representando mi pais.

Siempre he representado a mi pais al maximo. Recuerdo cuando en el 1985 represente a Honduras solo con una banderita en la concha Acustica del parque McArthur. Pero ahora me siento orgullosa de saber que muchos lo hacen y representan bien a mi pais.

Siempre trato de heredarles mis raices a nuevas generaciones. Mi nieta Kamila Caceres es nacida en EEUU y sabe de las raices de donde vienen sus padres. Es fluyente en Español y con orgullo, puedo decir que como a ella le he inculcado eso a muchos niños.

Estuve muy activa durante esos dias ya que queria que mi pais se diera a conocer. No habia nada de Honduras en Los Angeles por esos años. No habia ningun negocio hondureño.

La Gloria De Los Inmigrantes

Foto de mi oficina.

Foto de mi capilla de casamientos y la participacion de la capilla en el Desfile Centro Americano

Durante todos estos años he estado participando en "ACTIVIDADES EXTRA CURRICULUM" y me involucre con una organizacion llamada "COFECA". (Confederacion Centroamericana) y me he ganado durante los años de participacion con ellos, el titulo de Tesorera por tre años a partir del 2017. Cada director representa su pais Centro Americano para poder heredar nuestras culturas y tradiciones.

COFECA es conocida por su motivacion y contribucion en hacer un festival y un Desfile Centroamericano con 250,000 espectadores y este desfile se lleva a cabo durante el mes de Septiembre en donde se celebra la Independencia de Centro America. Motivamos a la juventud. Tuve el honor de haber sido elegida "Ciudadana Distinguida". He sido galardonada con muchos diplomas.

Los primeros directores de COFECA cuando comence con ellos en el 2004.

Cuando fui elegida ciudadana distinguida de Honduras.

Soy muy conocida por la comunidad Angelina y la hondureña por mi trayectoria y hacer tramites de Inmigracion. Por medio de COFECA he sido galardonada con muchos diplomas. Ya sea el de Congreso, del Estado, Alcaldes y Senadores como Kevyn De Leon.

Aqui estoy recibiendo del Consejal Gil Cedillo el "Dia del Centroamericano" que elabore para COFECA. Los Directores de COFECA me acompañaron a participar en este magno evento asi como el Consul de Honduras y El Salvador. Fue un dia grandioso y estoy orgullosa de haberlo hecho para la comunidad. De la foto ustedes pueden ver las tradiciones de los indigenas de Guatemala luciendo sus bellos trajes bordados a mano. El cual hace a Guatemala unico en este arte. COFECA y todos estos paises somos una sola organizacion. Aqui miramos a Doña Evita luciendo uno.

COFECA me ha abierto muchas puertas ya sea recibiendo premios, diplomas, haciendo contribuciones caricativas, trabajo voluntarios para muchas organizaciones no lucrativas para ayudar a los niños, dar instrumentos para los incapacitados, enviar ropa a los hospitales, camas, bastones, pampers, etc. y darle a todos con necesidad para poder tener una Centro America unida en un pais extranejero.

Aqui estoy con el Consul de Honduras en Los Angeles, CA, el Lic. Pablo Ordoñez tratando de obtener repelentes y otras necesidades en contra del Zika y Chikungunya.

Todos las Proclamas recibidas del Dia del Hondureño.

La pared de mi oficina llena de diplomas otorgado por los 50 años de mi trayectoria.

Mostrando parte mis reconocimientos en mi oficina.

Tambien pertenezco a la Asociacion de Notarios de California y fui escogida como oradora en Las Vegas para la Asociacion de Notarios en referencia los Notarios y su roll con Asuntos de Immigracion.

Recibiendo varios diplomas de varias organizaciones y consejal acompañada de mi ahijado y mano derecha Herman Erdulfo Caceres, El Consejal Gil Cedillo y el Consul de Honduras, el Lic. Pablo Ordoñez.

Foto de todos lo trofeos y honores recibidos.

Premio dado por el Consulado Hondureño de Los Angeles y por manos del Consul de Honduras Lic. Pablo Ordoñez.

En uno de mis viajes a La Lima a mi tierra natal Honduras fui honrada por el grupo de danzas folkloricas "Los Bacabs". Fue muy bello disfrutar cada escuela quienen bailaban en mi presencia su grupo folklorico para la eleccion de un mejor grupo. Debo de decir que el Director, un limeño ha hecho un bello trabajo con estos bailarines y quienes ha representado a Honduras en China y paises extranjeros.

El 22 de Noviembre del 2017 tuve el honor de hacer el dia del Centroamericano ante el Consejal Gil Cedillo.

La Proclama del Dia del Centroamericano que hice.

Recibiendo premio Flash LA.

Es tan bello ver como mi gente participa especialmente mis nietos, nietas, sobrinas, hijas y toda mi mi familia esperando representar Honduraslo que yo les he heredado

Honduras en el desfile. Esto es algo que yo le he heredado. Mis sobrinas y sobrino acompañandome en el desfile como palillonas y tamborero.

Foto Gloria G Suazo

Trajes tipicos e exoticos de mi pais.

Representando EEUU tambien.

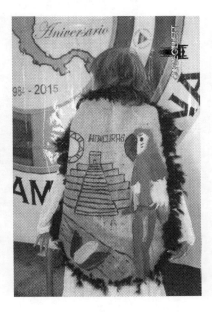

Traje tipico pintado en costal representando a Honduras.

Un agradecimiento a sus padres por permitir que ellos participen conmigo en este desfile. De izquierda a derecha. Herman Caceres (mi yerno y esposo de mi hija Mirna Suazo, con sus hijos Yoel, Kamila y Patrick, mi sobrino Jose Luis Amaya con su esposa Wendy y sus hijos Joseph, Jessica y Kiara otro de mis nietos por parte de mi hijo Marco A. Suazo, Joseph Suazo quien toco el tambor. Todos nacidos en EEUU.

En unos de los desfiles con mis nietos.

Una de mis carrozas que saque en el desfile en donde tuve el Honor en participar con el Consul de Honduras en Los Angeles, CA.

La Lima tiene varios grupos folkloricos y entre ellos esta el grupo de cique Los Kitchas que nos visitaron para nuestro desfile. Orgullosamente limeños.

PODER GARIFUNA (Ashanti)

En este desfile tambien se demuestra la poblacion Garifuna y sus tradiciones a nuestro niños. Tradiciones y culturas que ellos heredaron de sus antepasados y quienes ahora adornas nuestras playas y entretienen a nuestros turistas con su bailes como "punta".

En uno de los desfiles con "Ashanti" nuestro representante del baile "Garifunas" en nuestro pais.

Mi pais inclusive, Honduras y Nicaragua fueron devastados por el Huracan Mitch en 1998 haciendo que el Presidente Clinton dio el TPS para esos paises para que le ayudaran a esos paises y a los que quedaron alla a recuperarse y porque los que quedaron aqui no tenian donde regresarse. Lo mismo fue dado a los salvadoreños en el 2001 debido al terremoto en ese mismo año, que afecto a ese pais tambien dejando a muchos desamparados.

Algunos personas indocumentadas se les dio una proteccion temporal (TPS) asi como a mi pais Honduras, El Salvador, Nicaragua, Haiti, Sierra Leona y otros y ahora despues de tantos años de estar renovando este permiso cada año (conste que las cuotas son excesivas) y ahora que estan personas han hecho raices en este pais estan siendo expulsados.

Nuestros paises han sido devastados por terremotos, inundaciones, tornados, etc. Como ustedes pueden ver Honduras especificamente y dado su ubicacion geografica el cual es el centro de Centroamerica y rodeada de dos mares el Atlantico y el Pacifico constantemente son abatidos por huracanes y llenas. Actualmente en Honduras el 10/30/2017 el rio Chamelecon se desbordo dejando a mucha gente sin hogar.

Afortunadamente les lleve sabanas, ropa usada donado por varias personas pero a esto es lo que regresan los del TPS.

Algunos aplicantes del TPS han hecho un futuro aqui en EEUU. Algunos compraron sus casas con prestamos de 30 a 40 años otros se han casado y ya tienen hijos nacidos aqui en EEUU, muchos perderan su credito, beneficios de trabajo como su 401 K y algunos estudian una Carrera, sus hijos son nacidos en este pais y en nuestros paises el sistema educativo difiere y hay rumores de que este TPS lo van a quitar definitivamente. Que pasa con lo que les han sacado de Seguro Social para su retiro.

Algunos niños nacidos aqui nunca han experimentado hambre, pobreza, enfermedades derivadas del zancudo. Muchos se regresaran con sus padres a un futuro inseguro.

Espero que este libro sea leido por personas con autoridad para cambiar las Leyes de Immigracion porque asi se necesita una reforma para bien de los dos paiss. No necesitamos muros sino oportunidades para trabajar en este pais.

Creo que el gobierno de EEUU esta generalizando malas actitudes para algunos que creo que con sus malas actitudes y amenazas a la sociedad debido al terrorismo ha creado parasitos en el sistema.

No todos caemos en las categorias de mala gente pues hay gente que son una ganancia para este pais.

Se que el Presidente quiere hacer un pais mejor y productivo y quiere una Norteamerica sana como ha sido por muchos años y estoy de acuerdo que investigue bien a los personas entrantes para nuestro seguridad pero nosotros los inmigrantes no deberiamos pagar las consecuencias deberian tomar en cuenta que las personas que han vivido aqui y han aplicado para un beneficio ya les han tomado sus huellas e investigado para poderles dar un beneficio asi que no se sabe porque estan siendo tratado como criminales.

Cuando un Inmigrante quiere legalizar es investigado por el FBI y toda clase de investigaciones son hechas y una vez legalizado saben que ese inmigrante no tiene record criminal.

Hay algunos ciudadanos que son una amenaza a la Sociedad y salen absueltos pero como son ciudadanos lo que hacen no se ve y toda la culpa le cae al Inmigrante.

He visto Inmigrantes tratando de sobrevivir vendiendo naranjas, flores, comida, carros loncheros, lavando carros haciendo toda clase de trabajo para poder enviarles su dinero a su gente que quedo atras. Aun con el temor de las autoridades se exponen a estar en la carcel para mantener sus familias.

Espero que antes de que el Señor me llame pueda ver cambios a nuestro favor en las Leyes de Inmigracion. Yo misma he vivido en pobreza pero no sabia que era pobre hasta que vine aqui y vi la diferencia. Aunque mis padres eran pobres nunca me falto nada principalmente la libertad. comiendo arroz y frijoles y carne una vez por semana era muy feliz. Teniamos lo basico en la casa y con mis padres viviamos en armonia y felicidad. Hago esta mencion porque en el 2013 sufri un derrame mientras trabajaba en la oficina. Fui llevada de emergencia por mi exesposo de la oficina pero afortunadamente cuando las convulciones comenzaron yo ya estaba en manos de doctores. (Bendigo a mi exesposo por actuar rapido en llevarme.)

Fui hospitalizada por varios meses ya que quede paralizada desde la cabeza a los pies y dependia de enfermeras para limpiarme y mantenerme. Mentalmente hablaba con Dios y le pedia que si el queria que yo todavia le siguiera con la mission que el me dio de ayudar a los Inmigrantes que me sanara ya que yo no queria quedar como vegetal. Hay veces que aun sano eres un estorbo a la familia y ya te imaginas siendo inutil. Lloraba y le pedia a Dios que me sanara, me visitaban en el hospital clientes de varias religiones quienen oraban por mi. Cristianos, Testigos de Jehova, en fin de todas las religiones. Una vez se lleno tanto el hospital que tuvieron que abrir un salon de eventos para yo poder recibirlos. Creyeron los doctores que era una artista o alguna figura publica. No eran los inmigrantes que he ayudado por los 50 años de Carrera en sus papeles migratorios.

Poco a poco y mientras en terapia comence a caminar pero muy dentro de mi sabia que era la mano de Dios quien me iba a hacer la misma persona habil de siempre. Sabia que el iba hacer el milagro como lo hizo. Unos meses mas tarde comenze a tartamudear y amarrado a una faja comenze a caminar. Para sorpresa me reia en mi proceso y tome una posicion positiva. Siempre supe que Dios me sanaria.

Un agradecimiento a mi ex-esposo Tico y mi hija Mirna quien se dedicaron 100% y que ella me daba de comer en la boca y se que Dios les tiene un premio especial por eso. Aunque toda mi familia demostro interes y amor como mi sobrino Jose Luis y mi hijo Marco que querian donarme un pedazo de su higado cuando me dio la cirrosis y mi otra hija Ana al lado mio en el Hospital eso fue lo que me motivo a levantarme de ver que no se apartaban de mi cama. Ver como se alegraron mis nietos especialmente mi nieto Patrick que me ayudo con mis terapias. Un niño de 5 años. Todavia le digo mi doctorsito.

Todas las noches le pedia a Dios que me enviara un angel a cobijarme mientras dormia y asi me dormi. Me mantenia cansada tomando 15 pastillas diarias, agujas insertadas con suero y otras medicinas en cada parte de mi cuerpo, tanques de oxigeno y muchas enfermeras turnandose para cuidarme. Es horrible vivir asi. Me sacaban 20 litros de agua del estomago y 2 litros de los pulmones. Esto era doloroso e incomodo.

Poco a poco comenze a subir de peso y a caminar lentamente, sin baston y sin silla de rueda.

Los doctores me habian dado un año de vida. Me hicieron una revista de despedida, y fui dada varios premios de la comunidad y fue asi que recibi muchos reconocimientos y perdi tanto peso que algunos clientes me daban limosna y me miraban con lastima. Ahora 3 años despues ya no necesito el transplante de higado, subi de peso y mi mente esta mas livida que nunca. Tanto que estoy escribiendo este libro, y todavia asisto a los inmigrantes en su proceso migratorio.

Se que un dia asi como Dios me devolvio la salud me dara la alegria de ver las nuevas Leyes de Inmigracion que sean a favor de los Inmigrantes. Los tiempos de la esclavitud en el siglo XXI no deberia de existir.

Cuando miro a un hispano usando brazalete o encadenado y subidos a un bus como que fueran criminales se me parte el alma.

Siento que soy la Gloria de los inmigrantes a quienes les he preparado sus documentos de una manera honesta y a quienes les he cambiado la vida tanto a mis clientes como a mi familia. Gloria por mi nombre y porque saben que cuentan conmigo para su asistencia.

El premio que me otorgaron los "garifunas" lo dice todo.

Printed in the United States
By Bookmasters